RACONTE-MOI...

Les Avions de combat français

Préface du général Jean-Pierre Job

Chef d'État-Major de l'armée de l'Air

Texte de Jacques Lachnitt

21

NOUVELLE ARCHE DE NOÉ ÉDITIONS ©
153, boulevard Haussmann – 75008 PARIS
Tél. : 01 53 83 95 78 – Fax : 01 53 75 36 80
Site Internet : nan-editions.com

A l'âge des jeunes lecteurs à qui s'adresse ce livre, j'avais la chance de pouvoir presque quotidiennement venir vibrer, à la vue et au bruit des décollages et atterrissages des avions de combat de la base aérienne, voisine de ma demeure. Ce contact physique avec les avions a été, avec les écrits des pionniers de la conquête de l'air, la source de ma vocation. Au sein de l'armée de l'air de la fin du XXe siècle, j'ai trouvé inchangés la joie, la fougue, l'esprit d'équipe, de tous ceux qui participent à la réalisation de ce rêve éternel de l'homme : voler. Tout au long de ma carrière j'ai pu également juger et apprécier le génie des industriels et des ingénieurs français qui ont créé les avions de chasse, de transport et d'entraînement, hautement performants et sûrs, répondant aux exigences des conflits modernes.

L'histoire de l'aéronautique et en particulier de l'aviation militaire, cette longue suite d'épopées hors du commun, d'aventures d'hommes et de femmes audacieux, de combats solitaires ou d'équipes est essentiellement affaire de passion. Ce livre, au style attrayant et pédagogique, contribuera à allumer de nouvelles flammes. Je suis donc tout particulièrement heureux de rédiger cette préface et de m'adresser aux plus jeunes.

C'est en effet une superbe fresque qui est proposée au lecteur. La description dans un même ouvrage du Spad VII de Georges Guynemer et du Rafale illustre la fascinante évolution technologique des outils aériens au cours des dix dernières décennies, pour progresser dans la direction fixée par Clément Ader : « qui sera maître du ciel, sera maître du monde ». *Ce livre retrace admirablement comment en quelques années l'aviation militaire française a vu progresser ses moyens et évoluer ses concepts afin d'assurer l'ensemble de ses missions : supériorité aérienne, renseignement, attaque au sol, mais aussi alerte lointaine, projection de forces de paix ou aide humanitaire. Le Rafale, dernier né des avions de chasse, et l'avion de transport militaire A400M qui équiperont demain les escadrons de combat de l'armée de l'air française sont à ce titre des contributions primordiales à la préservation d'un monde libre et plus juste.*

Mais ce livre est bien plus qu'une perspective historique et technique. Il est aussi le témoignage de la passion qui anima les pionniers de l'aviation, de cette foi avec laquelle ils ont su concevoir et piloter ces avions, le témoignage du regard enthousiaste que portèrent et portent encore aujourd'hui tous les femmes et les hommes qui se sont engagés au service de l'aviation militaire. Cette ferveur, au contraire des matériels, est restée inchangée à travers les générations. Elle aura bien souvent commencé par briller dans le regard des enfants. La force de ce livre est d'y rendre hommage, et de transmettre ainsi aux plus jeunes un peu de ce qui unit les gens de l'air, la passion des avions et du vol.

GÉNÉRAL JEAN-PIERRE JOB
Chef d'État-Major de l'armée de l'Air

Un peu d'histoire…

Éole de Clément Ader

Wilbur et Orville Wright
premier vol officiel en 1903

Les débuts de l'aviation militaire

L'intérêt militaire pour l'avion remonte à la fin du XIXe siècle. Plusieurs nations ont contribué à son développement, mais c'est surtout le français Clément Ader qui fait figure de précurseur. La convention secrète passée, en 1892, entre le ministère de la Guerre et Clément Ader pour la fabrication d'un appareil à usage militaire en témoigne. Il expose ses théories dans des ouvrages parus de 1909 à 1919. L'emploi de l'aviation y est illustré par une formule célèbre : « sera maître du monde celui qui sera maître de l'air ».

Au début du XXe siècle, le ministère de la Guerre français préfère cependant investir dans des ballons et des dirigeables qui apparaissent plus crédibles pour les opérations militaires.

Georges Guynemer (1894-1917) et le SPAD VII

La relève est assurée par les frères Wright. La guerre impose le début de la construction en grande série.

Ainsi, plus de 52 000 avions, dont 10 000 exemplaires du SPAD, sont construits en France pendant la Première Guerre mondiale (1914-1918). Cet avion est équipé de deux mitrailleuses et peut voler à la vitesse de 230 km/h à un plafond de 6 600 m. C'est avec cet appareil que s'illustrent les As français René Fonck, Georges Guynemer et Charles Nungesser.

Roland Garros (1888-1918)

Les avions progressent

L'emploi de l'aviation se diversifie peu à peu, donnant successivement naissance aux avions de reconnaissance, aux avions de bombardement et aux avions de chasse. Le tir à travers l'hélice apparaît en 1915, utilisé pour la première fois par Roland Garros.

A la fin de la guerre, l'aviation française est la première au monde. Sa participation a été déterminante pour la victoire. Les vitesses maximales dépassent 200 km/h.

Dans les années trente, c'est à l'étranger que des progrès techniques importants sont effectués. L'insuffisance des moyens consacrés à la défense retarde le développement de l'industrie aéronautique française.

L'extérieur des usines de montage des SPAD à Suresnes (92)

TENUE DE PILOTE DANS LES ANNÉES 30

Les pilotes des premiers temps de l'aviation naviguaient dans des cabines non pressurisées, leur combinaison les protégeant du froid des hautes altitudes.*

Les performances continuent à s'améliorer entre les deux guerres. En 1939, les chasseurs dépassent 500 km/h en vitesse de pointe, 10 000 m en plafond, et les bombardiers peuvent emporter plusieurs tonnes de bombes dans un rayon d'action de 2 000 km.

Les avions marquants du début de la dernière guerre sont des chasseurs dont le Dewoitine 520 français, le Spitfire britannique, le Messerschmitt 109 allemand, et des bombardiers comme le Heinkel 111 et le Dornier 17 allemands.

EN 1924, 80 CHASSEURS SPAD 81 SONT CONSTRUITS DANS LE GRAND HALL DE L'USINE DE SURESNES (92)

* les mots suivis d'un astérisque (*) sont expliqués dans le lexique page 39.

Les avions de la Seconde Guerre mondiale (1939-1945)

Au cours de la Seconde Guerre mondiale, de grands progrès techniques sont développés, malheureusement sans la participation de l'industrie aéronautique française, dont l'activité est limitée par l'occupation de l'armée allemande. Ces progrès concernent, en particulier, le développement de la propulsion par réaction qui permet de réaliser le premier avion de chasse à turboréacteur, le Messerschmitt ME 262 (1942), pouvant atteindre une vitesse de 870 km/h, puis le Gloster Meteor, volant à près de 900 km/h (1943).

En ce qui concerne les bombardiers, encore équipés de moteurs à pistons*, les progrès portent sur l'accroissement des rayons d'action et de la charge utile.

En 1952, s'effectue le premier vol du prototype du bombardier lourd, le Boeing B.52 « Stratofortress », (une masse de 230 tonnes au décollage). Sa dernière version dispose d'une autonomie de 16 000 km avec une charge de 30 tonnes d'armements. Il est toujours en service.

Les progrès d'après-guerre

Dès la fin des hostilités, les progrès se poursuivent et l'aéronautique française met en œuvre de vastes programmes de recherche et de développement pour combler son retard.

MARCEL DASSAULT DEVANT UN MYSTÈRE IV

OURAGAN

Ainsi, l'Ouragan, premier intercepteur de la lignée Dassault, effectue son premier vol en 1949. Capable de voler à Mach* 0.77, il est livré à l'armée de l'Air en 213 exemplaires. C'est le premier avion militaire français exporté après la guerre (en Inde et en Israël). Suivent ensuite le Mystère IV et le Super-Mystère, ce dernier étant le premier appareil français opérationnel à dépasser la vitesse du son (1 224 km/h dans l'air) en vol horizontal. S'y ajoute le S.N.C.A.S.O. Vautour, biréacteur biplace de chasse de nuit et de bombardement mis en service en 1956 (exporté en Israël dans une version monoplace). Tous ces avions sont équipés d'une aile en flèche (inclinée vers l'arrière par rapport à l'axe du fuselage).

De plus en plus vite

Dès le franchissement de la vitesse du son, les performances augmentent très rapidement sous l'effet conjugué des progrès de l'aérodynamique et de l'accroissement de la poussée des moteurs. En 1953, le North American F-86 « Sabre » atteint une vitesse de 1 152 km/h ; il est suivi du « Super Sabre » F-100 qui équipe des unités de l'armée de l'Air jusqu'en 1975. Une nouvelle forme d'aile, l'aile delta* (triangulaire), fait sont apparition. Mieux adaptée aux grandes vitesses supersoniques, elle permet d'atteindre Mach 2 et même de dépasser ce seuil.

VAUTOUR

Les premiers Mirage pour aller plus vite

L'aile delta permet, tout en conservant une flèche* importante du bord d'attaque de l'aile, de disposer d'une surface appréciable et de réduire la traînée*. C'est ainsi que le Mirage III effectue son premier vol en novembre 1956, propulsé par un turboréacteur de 6t de poussée et un moteur-fusée d'appoint de 1,6t de poussée. En 1958, il devient le premier avion français à franchir Mach 2 (en palier). Réalisé en différentes versions suivant les missions à remplir, l'armée de l'Air en a commandé 407 exemplaires. Il a ensuite connu un large succès à l'exportation, puisqu'il a été vendu à vingt pays différents.

Le Mirage III obtint une reconnaissance internationale lors de la guerre des Six Jours de 1967 qui vit s'affronter l'aviation israélienne et les aviations arabes coalisées.

Mirage IV P de l'Escadron de Reconnaissance stratégique 1/91 « Gascogne »

Chaîne de Mirages 2000-5 à Bordeaux Mérignac

En même temps que le Mirage III, Dassault développe le Mirage IV, biréacteur propulsé par deux moteurs Atar de 4,7t de poussée, capable de voler à plus de Mach 2 et équipé d'une aile delta extrêmement mince.

Il devient le premier élément de la force de dissuasion française en transportant une bombe nucléaire sur une distance de 4 500 km avec ravitaillement en vol.

Il est équipé par la suite d'un missile porteur de l'arme nucléaire, l'ASMP (Air-Sol Moyenne Portée). Propulsé par un statoréacteur*, ce missile peut atteindre Mach 3 en altitude avec une portée de 150 à 350 km. Ceci améliore le rayon d'action et la sécurité de l'avion porteur qui n'est plus obligé d'aller jusqu'à l'objectif.

Les Mirages IV ont été retirés de la panoplie nucléaire française. En 2001 seuls quelques exemplaires de la version IVP, dévolue à la reconnaissance lointaine, restent en service.

Lancé à la suite de la crise de Suez en 1956, le bombardier stratégique Mirage IV est le premier vecteur de l'arme nucléaire française, outil de la politique d'indépendance nationale initiée par le général de Gaulle.

■ *Une première dans la collaboration militaire*

Un dernier type de missions importantes à satisfaire couvre l'appui* tactique et l'attaque au sol.

C'est pour y répondre qu'a été mis en œuvre, en 1965, le premier programme de coopération militaire franco-britannique entre Breguet et British Aerospace Corporation. Il a donné naissance au Jaguar dont le premier vol a eu lieu en septembre 1968, la mise en service opérationnelle intervenant en 1973. Avion biréacteur (2x3,3t de poussée), il est équipé, entre autres, de missiles AS30 laser qui sont réalisés par l'Aerospatiale. Utilisé pendant la guerre du Golfe, il est encore en service dans l'armée de l'Air, mais arrive en fin de carrière.

JAGUAR

les différentes parties d'un avion

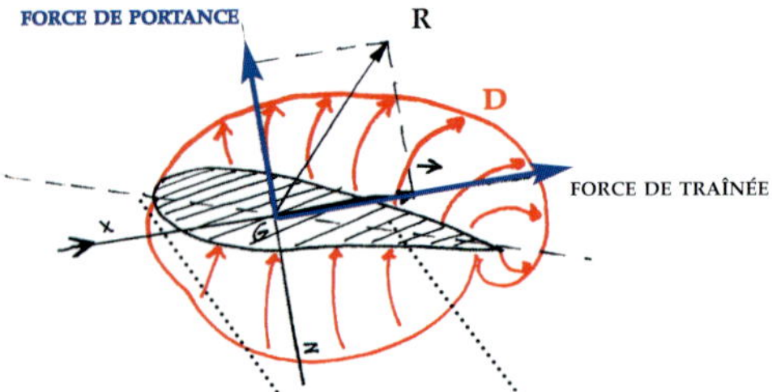

COUPE D'AILE D'UN AVION :

UN AVION EST ASPIRÉ VERS LE HAUT ESSENTIELLEMENT PAR LA DÉPRESSION (D) QUI EST CRÉÉE AU-DESSUS DE L'AILE.

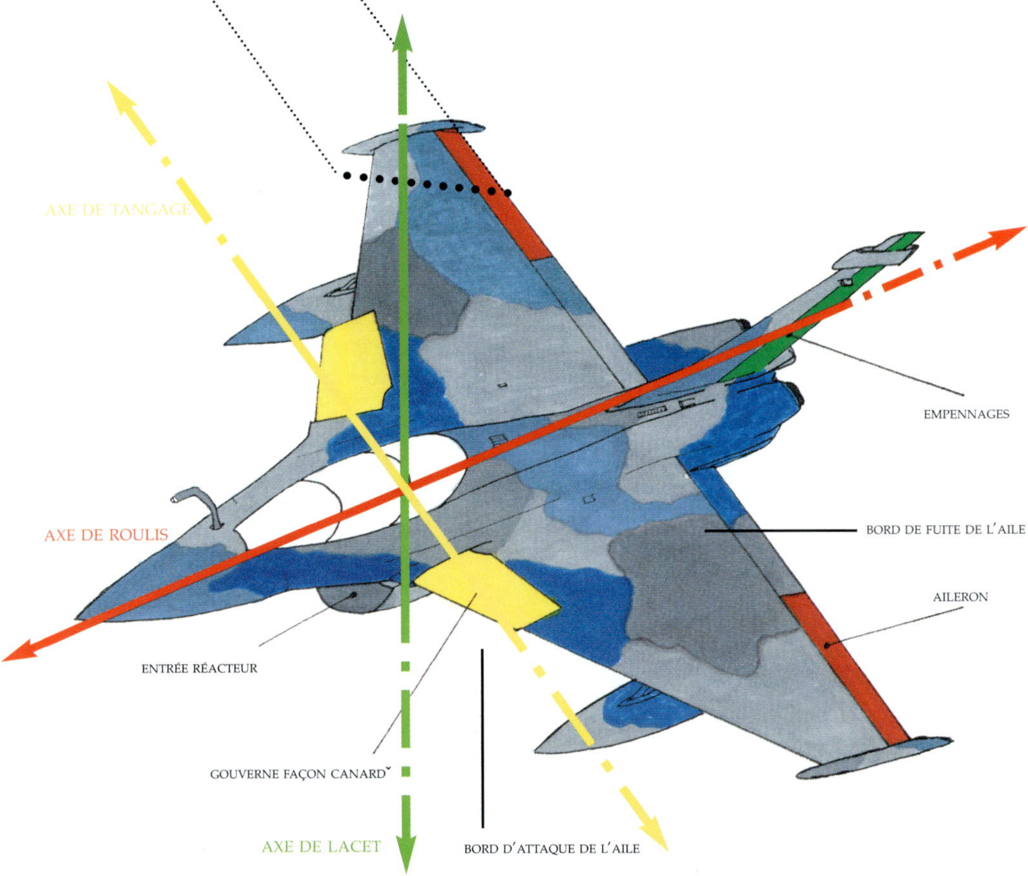

˘Les canards contribuent à augmenter la stabilité et l'efficacité aérodynamique de la voilure principale.

Le principe du vol

Les forces qui entrent en jeu

Lorsqu'un avion se déplace en vol, il est soumis, de la part de l'air qui l'environne, à une réaction R que l'on peut décomposer en deux forces : l'une verticale appelée portance* et l'autre dirigée dans la direction du vol et en sens inverse, appelée traînée.

Pour les avions à réaction, ce n'est pas le système propulsif qui assure la sustentation de l'avion mais l'action de l'air sur les ailes sous l'effet de la vitesse d'avancement.

La portance est essentiellement assurée par la voilure et dépend, comme la traînée, de la forme de cette dernière et de l'incidence de l'avion, c'est-à-dire de l'angle que fait le plan de l'aile avec la direction du vol.*

Comment piloter un avion

Un avion doit être stable autour de ses axes de tangage*, roulis* et lacet*, et pouvoir effectuer toutes les manœuvres et évolutions exigées par sa mission. Ceci est obtenu à l'aide de trois types de gouvernes :

- les gouvernes de profondeur, montées au bord de fuite de l'empennage* horizontal ou, lorsque ce dernier n'existe pas, au bord de fuite de l'aile. Elles permettent des mouvements autour de l'axe de tangage, c'est-à-dire qu'elles font piquer ou cabrer l'avion.

- les gouvernes de direction, placées au bord de fuite de l'empennage vertical, qui commandent les mouvements autour de l'axe de lacet, perpendiculaire au plan de l'aile.

- les ailerons, placés à l'extrémité du bord de fuite de l'aile, et qui, braqués en sens inverse sur les deux demi-ailes, commandent les mouvements autour de l'axe de roulis.

Sais-tu que...

Sur la plupart des avions, il existe des volets hyper-sustentateurs*, destinés à accroître la portance de l'aile dans certaines configurations du vol, au décollage et à l'atterrissage.

Le mur du son

Lorsque la vitesse de vol approche celle du son, la traînée de l'avion subit une brutale augmentation, puis diminue au-delà ; c'est le fameux mur du son.

Le record de vitesse d'un avion militaire à turbo-réacteur est détenu, depuis 1976, par le Lockheed SR 71 avec 3 529 km/h.

Avion SR 71

Le domaine de vitesse avoisinant la vitesse du son doit être franchi le plus rapidement possible. Il y a donc deux régimes de vol : le régime subsonique, à une vitesse inférieure à celle du son, et le régime supersonique, à une vitesse supérieure à celle du son.

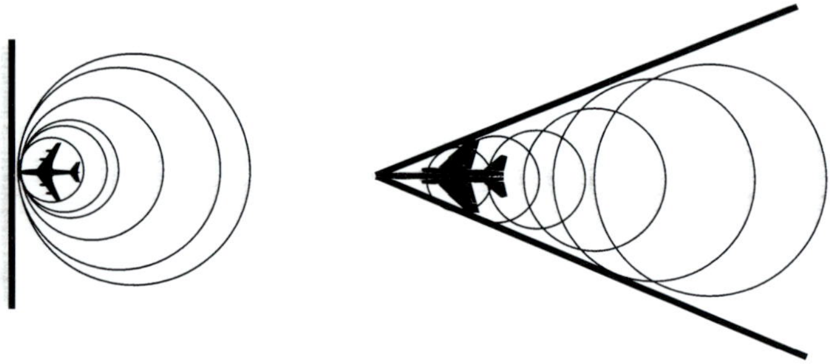

Lorsqu'un avion vole, il génère des turbulences. Si la vitesse approche celle du son, il engendre des ondes sonores très fortement comprimées (dessin de gauche). A la vitesse supersonique, les ondes sont appelées cônes de Mach (dessin de droite). En atteignant le sol, ces derniers produisent un bang supersonique. L'aérodynamisme et la voilure des avions, en forme de flèche, contribuent à pallier les inconvénients des ondes de choc.

Sais-tu que...

L'aile delta permet de très grandes vitesses mais nécessite de longs terrains d'atterrissage. **L'aile en flèche** permet des atterrissages plus courts mais l'avion est moins performant en vitesse.

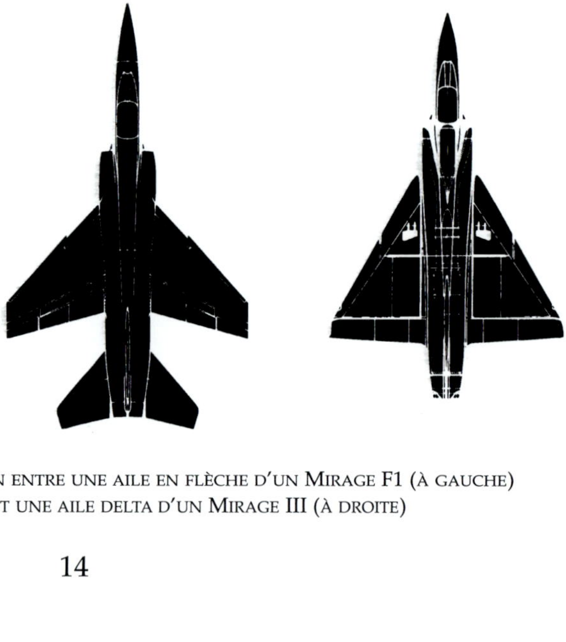

COMPARAISON ENTRE UNE AILE EN FLÈCHE D'UN MIRAGE F1 (À GAUCHE) ET UNE AILE DELTA D'UN MIRAGE III (À DROITE)

La propulsion des avions de combat

■ *Les turboréacteurs à double flux*

La propulsion est assurée, aujourd'hui, par des turboréacteurs à double flux. Dans ce type de moteur, une partie de l'air est prélevée après les premiers étages de compression et est dérivée, sans passer par la chambre de combustion, dans la tuyère* d'éjection, où elle se mélange au flux chaud constitué par les gaz de combustion*. C'est la détente dans la tuyère du mélange gazeux qui produit la poussée. Un dispositif complémentaire de postcombustion permet, lorsque le besoin s'en fait sentir, d'augmenter la poussée en provoquant une combustion du mélange gazeux dans la tuyère.

Sais-tu que...

Les réacteurs sont logés dans le fuselage avec des entrées d'air intégrées dans la structure de ce dernier.

■ *Les progrès techniques*

Au cours des vingt dernières années, les progrès ont porté sur l'augmentation du rapport poussée/poids du moteur et sur la réduction de la consommation de carburant. En même temps, la réduction des signatures infrarouges* et électromagnétiques* a été développée afin de participer à l'amélioration de la furtivité des avions.

L'industrie aérospatiale française, avant les fusions européennes de 2000-2001 (EADS par exemple), comprenait 200 sociétés dont les chefs de file étaient : Aerospatiale, Dassault Aviation, Snecma, Matra défense-espace, Thomson CSF. C'est le premier secteur excédentaire de la balance du commerce extérieur de la France.

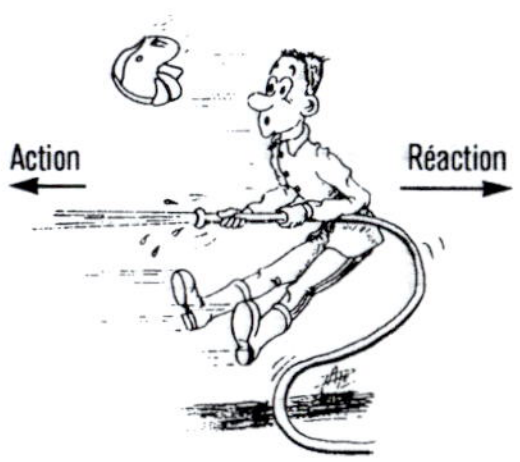

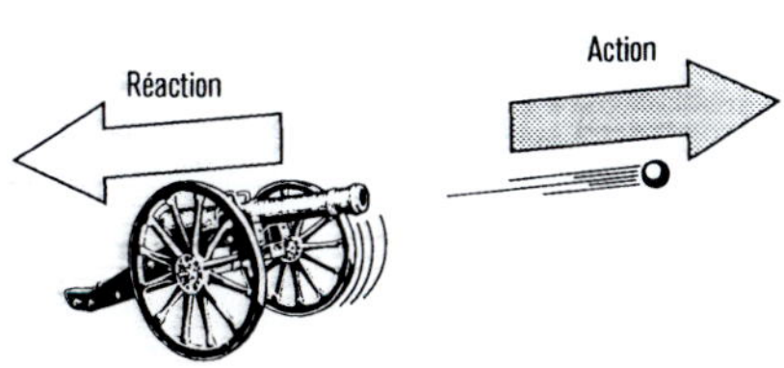

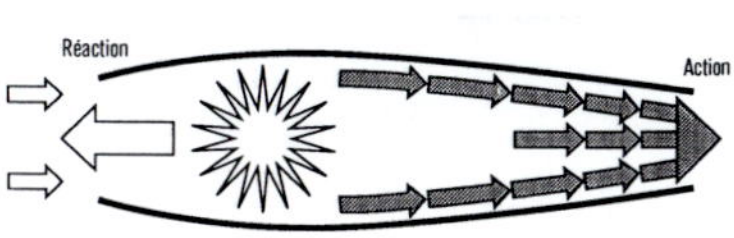

DANS UN TURBOPROPULSEUR,
les gaz compressés servent à entraîner l'hélice qui « creuse » l'air.

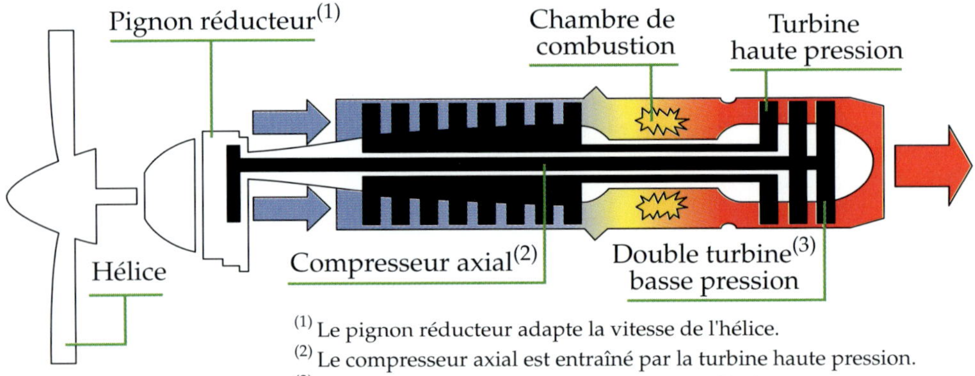

[1] Le pignon réducteur adapte la vitesse de l'hélice.
[2] Le compresseur axial est entraîné par la turbine haute pression.
[3] La double turbine basse pression entraîne l'hélice.

DANS UN TURBORÉACTEUR (ici à double flux),
l'air est aspiré puis la détente de gaz propulse l'avion.

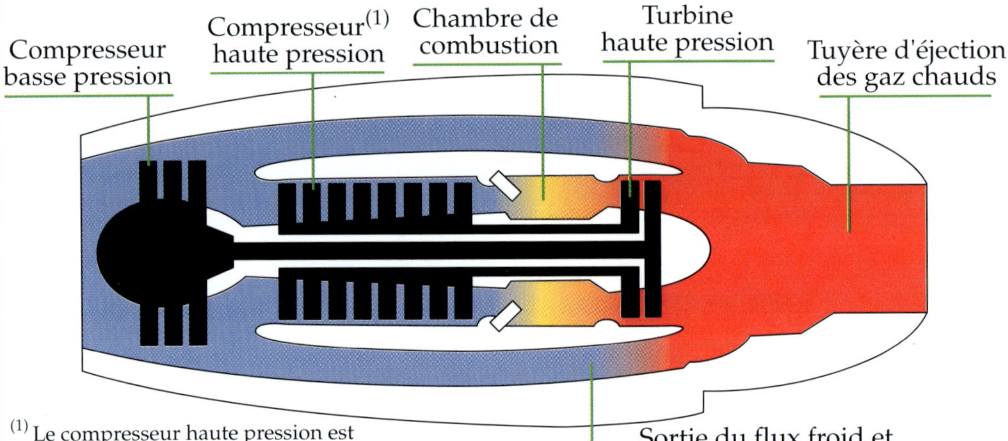

[1] Le compresseur haute pression est entraîné par la turbine haute pression.

AVEC LA POSTCOMBUSTION, on améliore le rendement du TURBORÉACTEUR
en injectant du kérosène dans la seconde partie du réacteur.

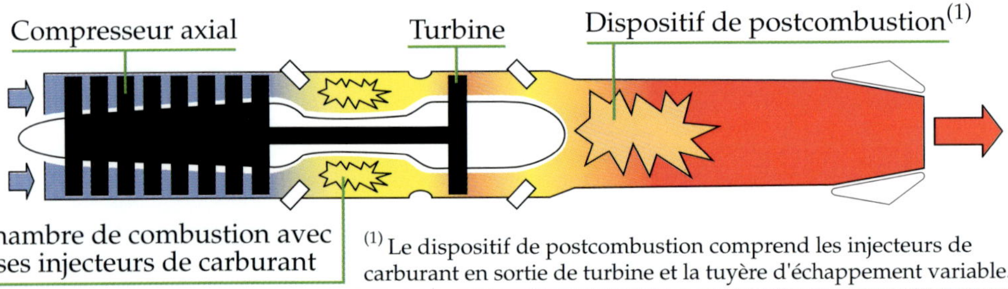

[1] Le dispositif de postcombustion comprend les injecteurs de carburant en sortie de turbine et la tuyère d'échappement variable.

Les avions de combat actuels

■ *Des avions « à tout faire »*

Depuis le début des années soixante-dix, les missions demandées aux avions de combat ont évolué : alors qu'auparavant les appareils étaient relativement spécialisés, on tend de plus en plus, en raison des contraintes budgétaires, à réaliser des avions polyvalents. Par ailleurs, l'emploi de missiles comme armement ne nécessite plus de voler à des vitesses supérieures à Mach 2 (environ 2 450 km / h).

■ *Le Mirage F1 : « Voler comme une flèche, se poser comme une fleur »*

Equipé d'une aile haute en flèche, qui permet des vitesses d'approche et d'atterrissage plus faibles que l'aile delta, le Mirage F1 est propulsé par un réacteur Snecma Atar 9K50 d'une poussée de 4,9t qui passe à 7t avec la postcombustion. Il est entré en service en 1973.

Mirage F1 CR

Le Harrier, avion de combat britannique, peut décoller et atterrir à la verticale grâce à un turboréacteur à double flux équipé de quatre tuyères pivotantes. Il est utilisé pour l'attaque et la reconnaissance.

Sais-tu que...

Aujourd'hui, l'armée de l'Air est principalement équipée de deux avions, le Mirage F1 et le Mirage 2000, produits par Dassault Aviation.

Le Mirage F1 et le Mirage 2000 ont connu tous les deux un large succès à l'exportation. Au total, ils ont été achetés par une quinzaine de pays.

Le Mirage F1 est aussi équipé d'une perche pour le ravitaillement en vol. Depuis 1990, une partie des avions F1C a été modernisée pour intégrer les derniers perfectionnements de l'avionique*.

En plus de la version F1C, qui assure les missions d'interceptions tous-temps et d'attaque au sol, il existe une version F1CR de reconnaissance et une version F1CT spécialisée dans l'appui tactique.

MIRAGE 2000

Le Mirage 2000

Mis en service en 1983, le Mirage 2000 marque un retour à l'aile delta. Grâce à ses commandes de vol électriques, sa manœuvrabilité est très bonne et la vitesse d'approche inférieure à celle du F1. Il est propulsé par un turboréacteur Snecma-M 53-P2 d'une poussée de 6,6t qui passe à 9,5t avec la postcombustion. Ravitaillé en vol, il est capable d'assurer des missions de longue durée.

Le Mirage 2000 existe en deux versions :

- une version monoplace utilisée pour la mission de défense aérienne (Mirage 2000 C et Mirage 2000 «tiret 5»).

- une version biplace embarquant un navigateur pour les missions d'assaut («Mirage 2000 D» assaut conventionnel,et «Mirage 2000 N» assaut nucléaire).

L'avion furtif

Dans les années 1980, un nouveau concept a été développé aux États-Unis, celui de l'avion furtif, qui a conduit au Lockheed F 117 Nighthawk, dont on a pu voir les utilisations lors de la guerre du Golfe.

La structure de cet avion est revêtue d'un matériau absorbant les ondes radar, ce qui le rend pratiquement indétectable par les systèmes de défense antiaérienne. Le bombardier stratégique à long rayon d'action Northrop B-2 est conçu sur le même principe de furtivité. Il s'agit d'une véritable aile volante dans laquelle le poste de pilotage, les moteurs et l'armement sont directement intégrés. Ces deux avions volent à une vitesse un peu inférieure à la vitesse du son.

RAFALE ÉQUIPÉ DU RBE2, PREMIER RADAR EUROPÉEN AYANT UNE ANTENNE À BALAYAGE ÉLECTRONIQUE COMPLET

Sais-tu que...

La furtivité permet à l'avion de ne pas être vu des radars. Le Rafale intègre la furtivité au niveau des formes, des matériaux qui le composent, de la peinture qui le couvre et de la signature* de ses moteurs.

Le Rafale

En 2000 le Rafale a commencé son entrée en service dans la Marine nationale et l'armée de l'Air. Il s'agit cette fois d'un véritable avion polyvalent, capable d'effectuer l'ensemble des missions de l'aviation de combat ce qui permet de réduire le nombre des appareils en utilisation.

LE VISEUR-VISUEL
« TOPSIGHT »

Il existe deux versions du Rafale, l'une monoplace et l'autre biplace en tandem. De formule delta comme le Mirage 2000, il comporte en plus un empennage horizontal, appelé « canard », à l'avant du fuselage. Son domaine de vol s'étend de 190 km/h à Mach 1,8 avec un plafond de 15 000 m.

Le système de commandes de vol électriques, encore amélioré par rapport à celui du Mirage 2000, peut être considéré comme l'un des plus performants au monde et assure à l'avion une manœuvrabilité extraordinaire dans toutes les configurations de vol.

Pour le combat à vue, le pilote du Rafale disposera d'un casque de technologie entièrement nouvelle, dans lequel les informations seront présentées, par projection, sur la visière.

RAFALE ÉQUIPÉ DE MISSILES AIR-SOL « APACHE »

> **Sais-tu que...**
>
> L'accélération augmente le poids du pilote qui peut être multiplié par 3, 4, 5 ou plus. S'il était dépourvu de combinaison anti-g, le pilote verrait sa masse sanguine descendre dans son corps et sa vue baisser (voile noir).

L'équipement technologique du Rafale

Un des éléments essentiels de la polyvalence du Rafale est son radar qui, grâce à un balayage électronique au lieu du balayage mécanique classique, optimise le compromis entre la surveillance de l'espace et la poursuite de plusieurs cibles. Ce radar est un élément fondamental de la conduite de tirs « multicibles simultanés ». Enfin, pour l'attaque au sol, il apporte l'information nécessaire avec suivi automatique du terrain.

Autre innovation technologique fondamentale sur le Rafale, de larges écrans commandés par effleurement remplacent les cadrans traditionnels et présentent au pilote l'ensemble des informations de pilotage et de conduite de mission. Il s'y ajoute une visualisation tête haute, c'est-à-dire en projection sur une glace devant les yeux du pilote, pour les informations de pilotage court terme.

TABLEAU DE BORD DU RAFALE

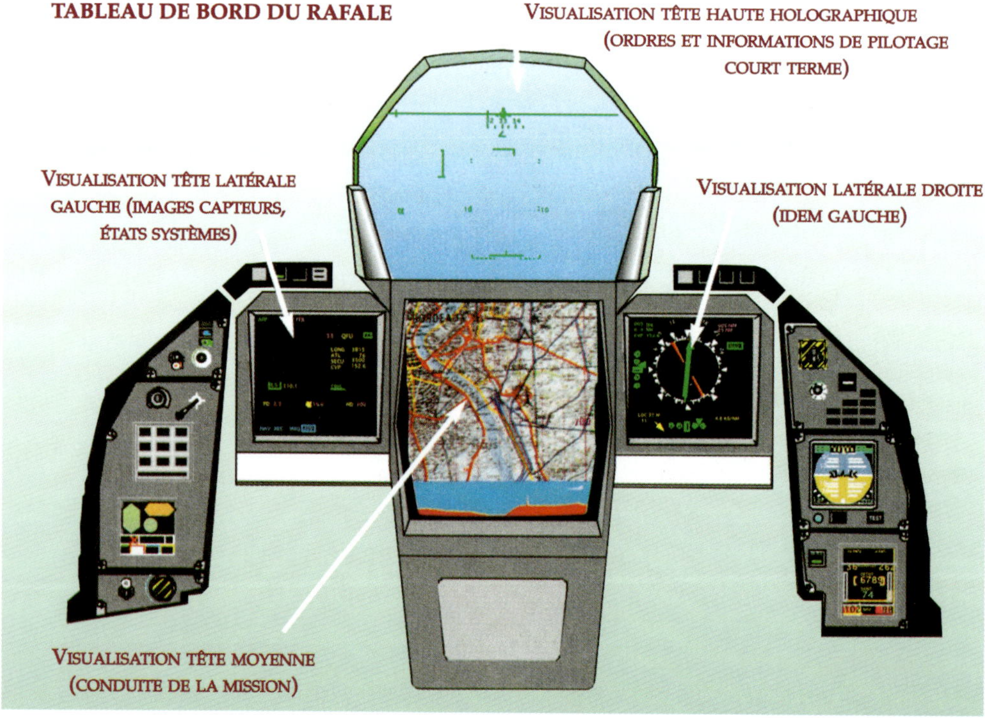

Les armements des avions de combat

Outre les bombes, les roquettes et les canons, les avions militaires sont équipés de missiles.

Les missiles air-air

Les missiles air-air, réservés pour le combat aérien, tendent à remplacer les canons pour permettre le tir à une distance plus grande de l'avion ennemi.

Les appareils de l'armée de l'Air peuvent ainsi être équipés de deux missiles Matra BAe Dynamics : le super 530, missile d'interception à moyenne distance, et le Magic, missile de combat ou d'autodéfense, capable de suivre les mouvements de l'avion ennemi quelles que soient les manœuvres.

Un nouveau missile, le Mica (Missile d'interception, de combat et d'autodéfense), toujours développé par Matra BAe Dynamics, est un engin polyvalent capable d'accomplir les missions des deux précédents ; il équipera le Rafale.

« MAGIC » ET « MICA » SOUS RAFALE

Sais-tu que...

Les missiles air-air sont accrochés sous la voilure de l'avion.

Les missiles Mica peuvent être aussi installés en ventral (Mirage 2000-5 et Rafale).

Pour le Rafale, l'accrochage est également possible en bout d'aile.

■ *Les missiles air-sol*

Les missiles air-sol permettent l'attaque d'objectifs tout en restant hors de portée de la défense antiaérienne. En fonction de la nature des cibles, quatre missiles constitueront l'essentiel de l'armement du Rafale :

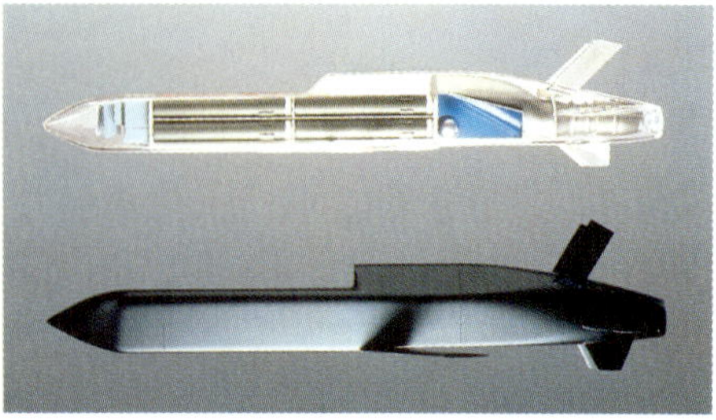

MISSILE APACHE, MATRA BAE DYNAMICS

- L' « Apache », conçu et réalisé par Matra BAe Dynamics avec pour coopérant principal l'Aerospatiale, est un missile antipiste à munitions multiples, propulsé par un turboréacteur. Il peut être tiré très loin de la cible (plus de 150 km) et possède son propre système de navigation lui permettant de se diriger sur l'objectif.

- Le Scalp-EG (Matra BAe Dynamics) est un missile de croisière, à charge unitaire, permettant de traiter des objectifs de haute valeur ou fortement défendus à très grande distance.

- L'AS30 laser, réalisé par l'Aerospatiale, tiré à 10 km de l'objectif. Il peut percer plusieurs mètres de béton en explosant à l'intérieur.

- Enfin, il faut leur ajouter l'ASMP, porteur de la charge nucléaire.

Les dernières décennies ont vu se développer l'armement dit « guide laser ». Ici, le rayon laser n'est pas utilisé pour détruire la cible comme dans la Guerre des étoiles, mais pour guider la bombe ou le missile vers celle-ci. Cela permet une très grande précision.

À DROITE, MISSILE AIR-SOL GUIDÉ LASER AS30 SOUS L'AILE D'UN MIRAGE 2000 D.

Le transport militaire

Les avions de transport militaire

Dès 1948, le blocus de Berlin-Ouest, imposé par l'URSS, nécessite l'intervention de l'aviation américaine afin d'assurer un pont aérien pour le ravitaillement quotidien de la ville, impliquant près de 200 avions, essentiellement des Dakota, version militaire du Douglas DC3.

L'armée de l'Air française, équipée de JU 52 (allemands) et de Dakota à la fin de la guerre, le fut ensuite du Nord-Aviation «Nord-Atlas» puis «Transall», programme franco-allemand lancé en 1959. Biturbopropulseur de moyen tonnage, il peut emporter 15 tonnes sur 4 500 km et utiliser des terrains courts et sommaires, ce qui est appréciable pour atterrir le plus près possible des théâtres d'opérations.

TRANSALL

C'est durant cette période que les américains développèrent un avion très gros porteur, le Lockheed C5A Galaxy de 330 tonnes de masse au décollage, propulsé par quatre turboréacteurs et capable de transporter jusqu'à 113 tonnes. L'USAF disposera aussi du C 141 puis du C 17. D'autres pays européens se trouveront confrontés au même problème, et l'ensemble des besoins peut, d'ores et déjà, être évalué à plus de trois cents avions.

NORATLAS

Sais-tu que...

Le chargement des avions de transport militaire peut s'effectuer au moyen d'un plan incliné constitué par l'abaissement d'une partie de la paroi inférieure du fuselage.

Des besoins grandissants

Entré en service en 1967, le Transall est encore actuellement opérationnel dans l'armée de l'Air. Cette dernière lui a adjoint le quadriturbopropulseur Lockheed Hercules de performances un peu supérieures. Il transporte 16 tonnes sur 6 300 km.

L'Avion de Transport Futur

Airbus Industrie développe actuellement le programme européen A400M, dont l'entrée en service devrait intervenir en 2007.

Avec une charge marchande pouvant atteindre 32 tonnes et un volume de soute important, il offrira une capacité près de deux fois supérieure à celle des appareils de transport militaires tactiques actuellement en service.

Propulsé par quatre turbopropulseurs de 9 000 cv chacun, il aura une masse maximale au décollage de 107 tonnes et pourra voler à 780 km/h à une altitude de croisière supérieure à 10 000 m.

CHARGEMENT DE MATÉRIEL DANS L'A400M

L'A400M pourra décoller et atterrir sur des terrains courts non préparés et, grâce à sa capacité à être ravitaillé en vol, il pourra intervenir partout dans le monde.

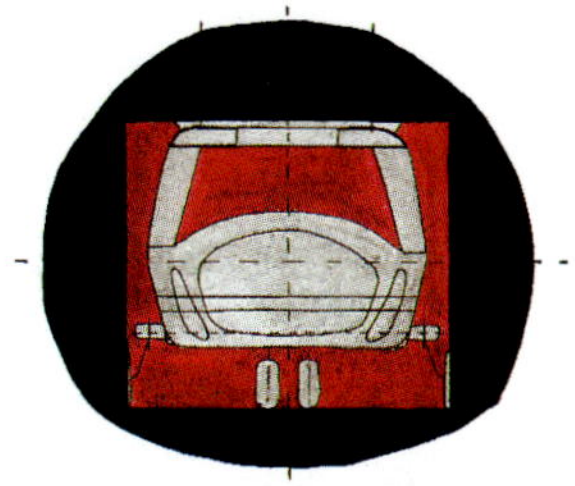

Coupe de l'Hercules C130 chargé d'un hélicoptère

Dans le domaine des très gros porteurs, l'aviation américaine dispose, depuis 1995, du C-17 Globemaster, de 263 tonnes de masse au décollage et qui peut transporter une charge de 78 tonnes sur une distance de près de 4 500 km.

Cet appareil est propulsé par quatre turboréacteurs de la classe des 20t de poussée. Il possède, comme les avions de combat, des commandes de vol électriques, une instrumentation de bord faisant appel à des écrans et une visualisation des informations de pilotage « tête haute », c'est-à-dire projetée sur une glace devant les yeux du pilote.

Coupe de l'A400M chargé du même hélicoptère

Les avions d'entraînement

■ *L'entraînement sur Fouga « Magister »*

Pendant les quatre premières décennies de l'après-guerre, l'entraînement et la formation des pilotes ont été assurés, pour la formation de base, par des avions américains biplaces en tandem équipés de moteurs à pistons et, pour le passage sur avion à réaction, par des Fouga « Magister », de construction française, qui ont été achetés par de nombreux pays. Une de leurs caractéristiques principales était un empennage en V qui servait à la fois pour le contrôle en tangage et en lacet. Ils pouvaient atteindre 650 km/h.

FOUGA « MAGISTER »

■ *L'entraînement sur Epsilon*

L'armée de l'Air dispose d'une gamme diversifiée suivant le degré d'instruction des pilotes.

L'entraînement primaire est assuré par deux avions de la Socata, dont le TB 30 Epsilon à moteur à pistons, atteignant en croisière 330 km/h et de formule biplace en tandem. Il a un environnement cabine type avion de combat, qui place les élèves-pilotes dans l'univers de leur futur avion d'arme. Il est, en outre, simple d'entretien et très économique.

AVIONS ÉCOLE « EPSILON »

Le Tucano

Pour un niveau de formation plus poussé, l'armée de l'Air a fait appel à un avion brésilien déjà existant, l'Embraer Tucano à turbopropulseur, mais dont l'avionique a été remplacée par un ensemble de fabrication française, compatible avec certains appareils en service dans l'armée de l'Air. Capable de franchir une distance de 2 000 km, il vole à une vitesse de 440 km/h et possède des sièges éjectables. Il remplace les Fouga « Magister ».

TUCANO

Le Xingu pour le transport

Également construit par Embraer, le Xingu a pour mission école la spécialisation transport ; de ce fait, c'est un biturbopropulseur et sa cabine permet le transport de sept passagers. Le poste de pilotage est équipé pour recevoir un moniteur et deux élèves-pilotes. Il est en service dans l'armée de l'Air depuis 1982. Muni d'un équipement de radionavigation français, le Xingu peut également assurer des missions de liaison. Il peut voler à 450 km/h en vitesse de croisière et dispose d'une autonomie de 2 350 km. Enfin, ses distances de décollage et d'atterrissage sont inférieures à 900 m.

EMBRAER XINGU

L'Alpha Jet

L'Alpha Jet a été largement médiatisé par la patrouille de France lors de nombreuses exhibitions.

Enfin, l'adaptation à l'avion à réaction et à la chasse est effectuée sur l'Alpha Jet. Celui-ci, premier avion d'entraînement conçu selon un programme commun franco-allemand (Dassault-Dornier), a fait son premier vol en 1973 et est entré en service dans l'armée de l'Air en 1979. Biplace en tandem à voilure haute en flèche, il est propulsé par deux turboréacteurs de 1,3t de poussée. Sa vitesse maximale est de Mach 0,85 à 10 000 m d'altitude et son rayon d'action de 583 km.

L'Alpha Jet a également été réalisé en version appui tactique pour l'armée de l'Air allemande, la Luftwaffe. Son armement comprend un canon, des missiles air-air et des bombes. Il a fait l'objet de commandes étrangères.

Enfin, l'entraînement est complété, dans un souci d'économie et d'efficacité, par le recours à des simulateurs de vol qui reproduisent à la fois les caractéristiques réelles des avions et les diverses situations auxquelles les missions peuvent conduire.

Le canon est placé dans un compartiment appelé «pod» sous le fuselage de l'avion. Pour les Alpha Jets de la Patrouille de France, celui-ci est vidé de son armement qui est remplacé par le dispositif fumigène.

Patrouille de France sur Alpha Jet

La détection aéroportée

Sais-tu que...

Les oiseaux sont un grand danger pour les avions, causant chaque année des accidents. Pour lutter contre ce fléau, l'armée de l'Air fait appel à des fauconniers qui, avec leurs faucons, chassent les oiseaux des bases aériennes.

Les missions de l'armée de l'Air nécessitent la mise en service d'un environnement opérationnel assurant la détection aérienne.

Outre les moyens terrestres, la surveillance aérienne fait appel à des avions E3F AWACS* dérivés du Boeing 707. Le radar est intégré dans une structure lenticulaire située au-dessus du fuselage.

Ce système de détection et de contrôle aéroporté (SDCA) assure la surveillance de l'espace aérien, surtout à basse altitude, et évalue le risque représenté par les raids ennemis. Avec son équipage embarqué, il assure le contrôle tactique des avions de combat. Grâce à ses moyens puissants de transmission, il est capable de remplacer un centre de commandement indisponible ou de conduire des opérations aériennes, maritimes ou terrestres.

SDA E3F - AWACS

Le ravitaillement en vol

Les avions citernes

Un grand nombre d'avions militaires, et tout particulièrement les avions de combat, disposent, pour accomplir certaines de leurs missions, d'une autonomie insuffisante, liée à la capacité limitée de leurs réservoirs de carburant. Pour y remédier, il a été développé des avions-citerne qui, en vol, assurent le remplissage des avions à ravitailler. Actuellement, le plus répandu de ces avions est un appareil américain, le Boeing C 135FR, qui est en service dans l'armée de l'Air.

Sais-tu que...

Longtemps, les avions ne bénéficiaient pas de ravitaillement en vol. C'est pour cette raison que la majorité des bases en France sont proches des frontières de l'Est.

BOEING C 135FR POURVU DE 3 POINTS DE RAVITAILLEMENT

Il existe deux solutions pour la technique de ravitaillement.

Dans la première, l'avion-citerne est muni, à l'arrière du fuselage, d'un tube télescopique rigide qui vient s'accoupler à un embout de remplissage sur l'avion à ravitailler.

Dans la seconde, le remplissage s'effectue à l'aide de tuyaux flexibles délovés par l'avion-citerne à l'extrémité desquels se trouve un «entonnoir» dans lequel vient s'insérer la perche de l'avion ravitaillé. Ces tuyaux sont reliés à la perche centrale sous le fuselage ou aux extrémités des ailes. Il est ainsi possible d'effectuer l'opération conjointement pour plusieurs avions.

Dans l'avenir, il est envisagé de dériver de l'A400F un avion ravitailleur qui pourrait transporter 41 tonnes de carburant à plus de 800 km.

La mise en œuvre des avions

Un travail d'équipe

Si le pilote d'un avion est celui sur qui repose, en final, la réussite d'une mission, il faut insister sur le fait que celle-ci est avant tout le résultat d'un travail d'équipe. Celui-ci implique notamment un entretien et une maintenance très poussés des avions afin de les rendre à tout moment aptes à l'emploi.

L'évolution constante des techniques aéronautiques nécessite, de la part du personnel de l'armée de l'Air, un professionnalisme très grand dans de nombreuses spécialités.

Les mécaniciens cellule hydraulique et systèmes de propulsion

Un mécanicien de piste procède aux dernières vérifications avant le départ d'un Mirage 2000.

Ils sont chargés d'assurer la mise en œuvre des appareils et le dépannage des systèmes de propulsion.

-Les mécaniciens cellule hydraulique interviennent à plusieurs niveaux de la mise en œuvre, de l'entretien et de la réparation des avions (en «piste» –c'est-à-dire sur les parkings des escadrons–, ou dans les hangars de dépannage).

-Les mécaniciens propulseur assurent l'entretien et le dépannage des moteurs.

Les électroniciens et les électriciens

SERGENT ÉLECTRONICIEN

Les électroniciens assurent la mise en œuvre, l'entretien et la réparation des équipements électroniques dont sont dotées les unités spécialisées dans la détection radar, les transmissions… En unités aériennes, ils sont chargés de l'électronique de bord des avions, qui concerne principalement le système de navigation et d'attaque (radar, centrale inertielle, pod de désignation laser, caméra thermique et TV).

Les électriciens sont responsables de la partie instruments de vol, radio, transmission…

Les mécaniciens structures aéronefs

Ils évaluent le degré de dégradation des structures métalliques ou non métalliques et procèdent aux réparations autorisées au sein de l'armée de l'Air.

MÉCANICIEN STRUCTURE INTERVENANT SUR LA VOILURE D'UN MIRAGE 2000.

Les mécaniciens armement

Ces mécaniciens sont chargés de la mise en œuvre, de l'entretien et de la remise en état des armements (de bord, conventionnels, nucléaires et missiles), ainsi que de leur suivi technique. Ils s'occupent également de tout ce qui concerne les sièges éjectables.

Les mécaniciens photographes

Ils travaillent dans les unités navigantes de reconnaissance et sont chargés de la mise en œuvre, de l'entretien et de la remise en état des matériels photographiques, reprographiques et optiques. Ils transmettent les prises de vues aux interprètes-photos.

TECHNICIEN OPTIQUE

Mirage 2000 N de la base de Luxeuil devant sa hangarette.

Adresses utiles

Musée de l'Air et de l'Espace
Le Bourget BP 173
93352 Le Bourget CEDEX
Tél. : 01 49 92 70 38
E-mail : MUSEE.AIR@wanadoo.fr

Où se renseigner sur l'armée de l'Air ?
Site Internet : www.defense.gouv.fr/air
Minitel : 3614 ARMEE AIR
Service recrutement : 0800 839 340 (Numéro vert)

Département	Bureau air information	Téléphone
12-46-81-82	81000 Albi	05 63 54 26 61
02-60-80	80000 Amiens	03 22 91 72 36
25-39-70-90	25998 Besançon Armées	03 81 82 26 66
24-33-47	33998 Bordeaux Armées	05 56 81 60 53
14-50-61	14000 Caen	02 31 86 10 36
03-15-43-63	63035 Clermont-Ferrand	04 73 91 40 92
21-58-71-89	21002 Dijon	03 80 68 23 33
26-38-73-74	38023 Grenoble	04 76 12 05 60
53-72-49	72017 Le Mans	02 43 81 96 04
59-62	59009 Lille	03 20 55 25 41
19-23-87	87013 Limoges	05 55 77 21 34
01-69	69998 Lyon Armées	04 78 58 64 08
42	42007 Saint-Étienne	04 77 43 59 92
04-05-13-84	13005 Marseille	04 91 80 51 51
77-91	77000 Melun	01 64 52 27 70
55-57	57158 Montigny-Les-Metz	03 87 63 69 40
07-30-34-48	34027 Montpellier	04 67 58 56 99
54-88	54036 Nancy	03 83 32 51 58

Département	Bureau air information	Téléphone
44-85	44998 Nantes Amées	02 40 74 21 29
06	06300 Nice	04 93 85 90 05
83	83800 Toulon Naval	04 94 02 14 12
20	20192 Ajaccio	04 95 21 32 05
28-41-45	45000 Orléans	02 38 53 85 38
75-92-93-94	75015 Paris	01 40 56 00 00
40-64-65	64016 Pau	05 59 32 10 02
11-66	66020 Perpignan	04 68 34 69 03
16-17-79-86	86023 Poitiers	05 49 88 68 15
78-95	95300 Pontoise	01 30 31 07 03
29-56	29107 Quimper	02 98 95 18 48
08-10-51-52	51100 Reims	03 26 85 37 50
22-35	35032 Rennes	02 99 30 79 43
27-76	76038 Rouen	02 35 70 04 76
67-68	67071 Strasbourg	03 88 22 00 87
09-31-32	31034 Toulouse	05 61 21 59 71
18-36-37	37026 Tours	02 47 05 37 93

Lexique*

Aile delta / Aile en flèche : dessins page 14.

Appui tactique : mission visant à renforcer l'action des forces terrestres.

Avionique : équipements de bord, instruments de navigation et de mission.

AWACS : airborne warning and control system = SDCA (système de détection et de contrôle aéroporté).

Électromagnétique (signature) : réflexion sur des ondes électromagnétiques.

Empennages : surfaces placées sur un avion, horizontalement ou verticalement (dérive), à l'arrière du fuselage et assurant sa stabilité.

Flèche de l'aile : angle que forme le bord d'attaque de l'aile avec la perpendiculaire au plan de symétrie du fuselage.

Gaz de combustion : dessins page 16.

Infrarouge (signature) : rayonnement émis par le moteur d'un avion.

Lacet : mouvement de rotation autour d'un axe vertical de l'avion passant par le centre de gravité.

Lenticulaire : en forme de lentille.

Mach : 1215 km/h. Voler à Mach 1, Mach 2... signifie voler à une fois, deux fois... la vitesse du son.

Piston : pièce cylindrique qui se déplace dans un tube, où elle reçoit et transmet une pression.

Portance : composante de la force exercée par l'air, dirigée vers le haut et qui équilibre le poids de l'avion.

Pressurisée (cabine) : enceinte fermée qui, durant le vol de l'avion, est maintenue à pression atmosphérique normale.

Roulis : mouvement de rotation autour de l'axe longitudinal de l'avion.

Statoréacteur : réacteur se caractérisant par l'absence de pièces tournantes (compresseur, turbine). Utilisable seulement à grande vitesse, il nécessite une fusée d'appoint pour atteindre sa vitesse de fonctionnement.

T : une tonne, unité de mesure valant 1 000 kg.

Tangage : mouvement de rotation autour d'un axe perpendiculaire au plan de symétrie de l'avion et passant par le centre de gravité.

Traînée : force de résistance à l'avancement de l'avion.

Tuyère : élément convergent permettant aux gaz de combustion d'acquérir une augmentation de vitesse.

Voilure : terme fréquemment employé pour désigner l'aile.

Volets hypersustentateurs : système de volets qui permet d'augmenter fortement la portance à basse vitesse.

Table des matières

Dans la même collection : « *Raconte-moi…* »

LA MAIRIE, LA RÉPUBLIQUE, LA POSTE, L'ÉGLISE, LA GENDARMERIE, LA POLICE, LES SAPEURS-POMPIERS, LE CITOYEN, LE PRÉSIDENT DE LA RÉPUBLIQUE, LA TÉLÉVISION, LE PRÉFET, LES NATIONS UNIES, LE CONSERVATOIRE DU LITTORAL, LE SÉNAT, L'ASSEMBLÉE NATIONALE, L'AMBASSADEUR ET LE CONSUL, LA GARDE RÉPUBLICAINE, LES STUPS, LE PARLEMENT EUROPÉEN, LE TRAIN, LES AVIONS DE COMBAT FRANÇAIS, L'EAU, LA CONSCRIPTION, LE CONSEIL GÉNÉRAL, L'INSTITUT DE FRANCE, LA CHASSE, LA PÊCHE, L'EURO, L'HÔTEL NATIONAL DES INVALIDES, L'ORDRE DE MALTE, LE MÉDIATEUR DE LA RÉPUBLIQUE, L'ISLAM, AMNESTY INTERNATIONAL, LE TROTTEUR FRANÇAIS, LE GIGN, LA PRÉFECTURE DE POLICE, LES SOUS-MARINS, L'UNESCO, LA CROIX-ROUGE.

L'éditeur tient à remercier pour leur précieuse collaboration à cet ouvrage :

LE CABINET DU CHEF D'ÉTAT-MAJOR DE L'ARMÉE DE L'AIR
LE COMMANDANT TONY PIQUER, RÉDACTEUR EN CHEF D'AIR ACTUALITÉS, SIRPA AIR
LUC BERGER, CHARGÉ DE L'INFORMATION À
LA DIRECTION DE LA COMMUNICATION DE DASSAULT AVIATION
LE CABINET DE LA PRÉSIDENCE DE L'AEROSPATIALE
LE SERVICE PHOTOGRAPHIQUE DE L'AEROSPATIALE
LE SERVICE PHOTOGRAPHIQUE DU SIRPA AIR
LA DIRECTION DE LA COMMUNICATION DE LA SNECMA
LA DIRECTION DE LA COMMUNICATION DE MATRA
LA DIRECTION DE LA COMMUNICATION DE SEXTANT AVIONIQUE

2e édition

Imprimé en France par Kapp Lahure Jombart, Évreux - avril 2002
pour le compte de Nouvelle Arche de Noé Éditions©

Photogravure : Joffrin - Paris
Illustrations : Emmanuel Soren, Alfonso Morrondo, Sophie Goudier
Maquette (mise à jour) : Mary-Astrid Doron

Photos © Dassault aviation (pages 1, 7, 14, 20),
Aerospatiale (pages 6, 8, 26),
Airbus (page 27)
Collection SHAA (page 9)
SIRPA Air (pages 2, 9, 10, 17, 19, 21, 22, 24, 26, 28, 30, 31, 32, 33, 34, 35, 36, 37),
Matra BAe Dynamics (pages 20, 23, 24)

Collection du citoyen, sur une idée de Jean-Loup Mayol.

Dépôt légal : 04/2002 – 2e édition
Loi n° 49-956 du 16.7.1949 sur les publications destinées à la jeunesse.
© 2002, Nouvelle Arche de Noé Éditions. ISBN 2-84368-008-5